INMACULADA MALDONADO CASTRO

FAMILIAS DE AULA
PARTICIPACIÓN FAMILIAR EN LA ESCUELA
LA ESCUELA EDUCA EN COMPAÑÍA

WANCEULEN
Editorial

WANCEULEN
EDUCACIÓN

©Copyright: INMACULADA MALDONADO CASTRO
©Copyright: De la presente Edición, Año 2018 WANCEULEN EDITORIAL

Título: FAMILIAS DE AULA. PARTICIPACIÓN FAMILIAR EN LA ESCUELA. LA ESCUELA EDUCA EN COMPAÑÍA
Autora: INMACULADA MALDONADO CASTRO

Editorial: WANCEULEN EDITORIAL
Sello Editorial: WANCEULEN EDUCACIÓN

ISBN (Papel): 978-84-9993-856-1
ISBN (Ebook): 978-84-9993-857-8

DEPÓSITO LEGAL: SE 698-2018

Impreso en España. 2018

WANCEULEN S.L.
C/ Cristo del Desamparo y Abandono, 56 - 41006 Sevilla
Dirección web: www.wanceuleneditorial.com y www.wanceulen.com
Email: info@wanceuleneditorial.com

INMACULADA MALDONADO CASTRO, maestra de educación infantil, música y primaria, nació en Sevilla, donde cursó sus estudios en el C.E.U. San Pablo Cardenal Spínola.

Tras varios años en diferentes centros, (a los que recuerda con cariño), pasó por un centro que marcó su vida profesional, C.E.I.P. Andalucía de Sevilla. Formaba parte del claustro que inició las Comunidades de Aprendizaje en el centro y cuando a éste, se le otorgó el premio a la acción magistral.

Fue la experiencia en formación y como formadora de Comunidades de Aprendizaje, la que impulsó a Inmaculada a desarrollar un proyecto centrado en las familias y la participación directa de estas dentro del aula, cuyo objetivo principal es: "mejorar la atención educativa del alumnado a través del trabajo coordinado con las familias dentro del aula, dotando, a la vez, de diferentes recursos a todos los agentes implicados, provocando así, un cambio en el proceso educativo".

Actualmente, este proyecto se lleva a cabo en varios centros públicos y concertados de Andalucía (en la etapa de Educación Infantil), en los que está resultando una experiencia gratificante y exitosa para todos/as los/as participantes, ya que ha estrechado y mejorado las relaciones familia-escuela, así como la valoración positiva del trabajo de los/as maestros/as, y la atención al alumnado, quienes reciben más momentos de atención individualizada y una ayuda más adecuada en casa, además de otros beneficios que se enumeran a lo largo del libro.

*Gracias a mis padres, que me han enseñado que la
constancia y el esfuerzo todo lo pueden.*

*A mi marido, que ha confiado en mí
y me ha animado a publicar este proyecto.*

*A mi bebé, que me ha permitido estar sentada
delante del ordenador.*

*Gracias a todas las mamás-seño que han hecho posible
este proyecto: Encarni, Inma, Isa, Manoli, Mª Carmen, Sonia,
Susana, Raquel y todas las mamás-seño
que han participado.*

Y gracias a mis niños/as, de los/as que aprendo cada día

ÍNDICE

RESUMEN

El papel de las familias en el acompañamiento y participación de la vida escolar de sus hijos/as, es fundamental para alcanzar mejores resultados en la educación, así como para un exitoso desarrollo personal.

El objetivo principal de este **"Familias de Aula"**, es potenciar la importancia de la participación familiar a través de la organización y sistematización de la participación de las familias dentro del aula.

Para ello, se plantean las bases teóricas que muestran la importancia de la Familia como primer agente socializador, la evolución normativa relativa a la participación de las familias en los centros educativos, así como los antecedentes que me han llevado a desarrollar este proyecto.

A continuación, se desarrollará el proyecto "FAMILIAS DE AULA", indicando los pasos a seguir para su puesta en marcha en un aula.

Por último, se exponen el cuaderno de actividades llevadas a cabo en un aula en la que **"Familias de Aula"** ha cobrado vida, y de cuya experiencia dejan testimonio sus participantes.

BREVE DESCRIPCIÓNDE LA PRÁCTICA EDUCATIVA "FAMILIAS DE AULA"

Aunque más adelante se describe detalladamente el proyecto, así como su puesta en marcha, he aquí un gráfico que lo resume:

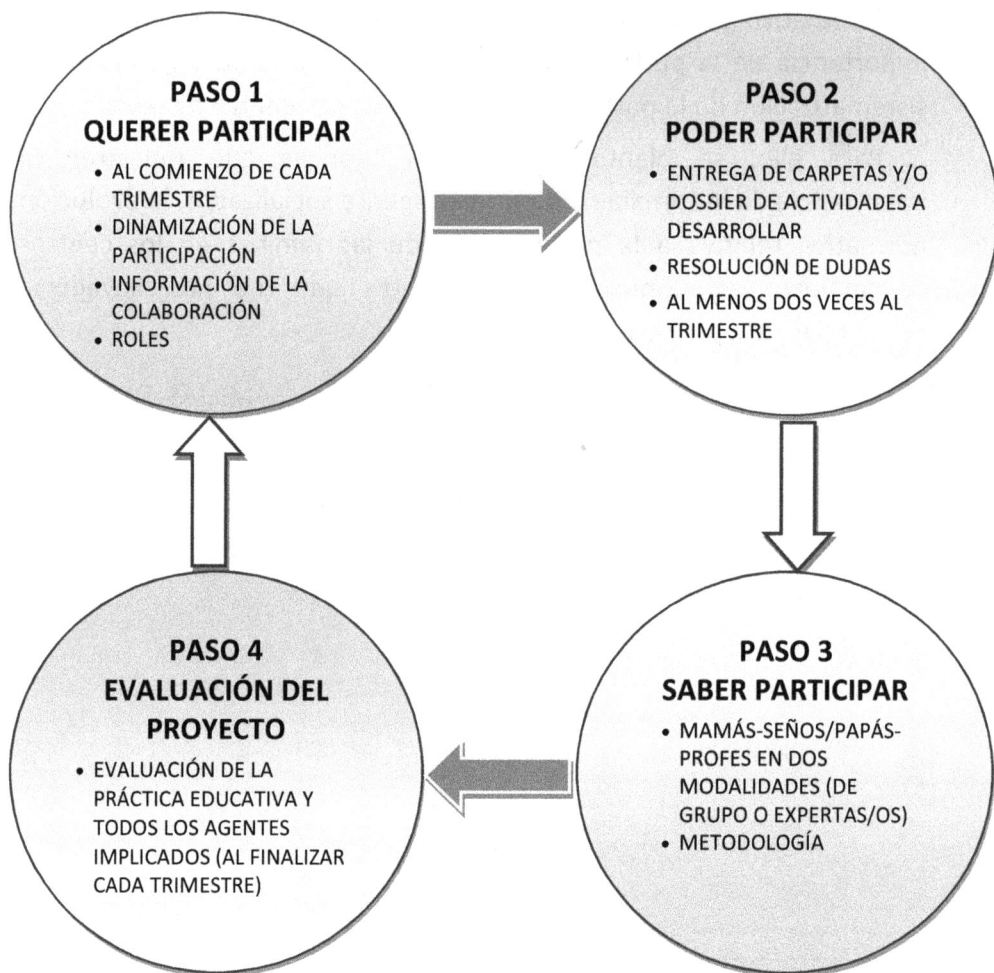

PASO 1
QUERER PARTICIPAR
- AL COMIENZO DE CADA TRIMESTRE
- DINAMIZACIÓN DE LA PARTICIPACIÓN
- INFORMACIÓN DE LA COLABORACIÓN
- ROLES

PASO 2
PODER PARTICIPAR
- ENTREGA DE CARPETAS Y/O DOSSIER DE ACTIVIDADES A DESARROLLAR
- RESOLUCIÓN DE DUDAS
- AL MENOS DOS VECES AL TRIMESTRE

PASO 4
EVALUACIÓN DEL PROYECTO
- EVALUACIÓN DE LA PRÁCTICA EDUCATIVA Y TODOS LOS AGENTES IMPLICADOS (AL FINALIZAR CADA TRIMESTRE)

PASO 3
SABER PARTICIPAR
- MAMÁS-SEÑOS/PAPÁS-PROFES EN DOS MODALIDADES (DE GRUPO O EXPERTAS/OS)
- METODOLOGÍA

Poner en marcha con éxito este proyecto, lleva consigo una serie de compromisos por partes de los tres agentes implicados:

MAESTRAS/OS

- Formación
- Modificaciones metodológicas
- Aumento y creación de recursos

FAMILIAS

- Formación
- Cumplir con el compromiso (puntualidad, asistencia...)

ALUMNADO

- Respetar a todos los adultos que participan en el aula por igual, tutor/a, mamá-seño, papá-profe...

INTRODUCCIÓN

La motivación que ha llevado a desarrollar este proyecto "Familias de aula", es modificar la actual situación de la relación Famila-Escuela a través de:

- La relación familia-escuela

Resaltar la importancia de establecer un contacto directo y permanente entre los diferentes agentes que intervienen en la educación de los más pequeños, debido a que nuestro propósito es buscar **objetivos comunes**, para no actuar de forma ambivalente en ambos contextos. Favoreciendo dicho acercamiento un clima de confianza en la educación y desarrollo integral de "nuestros niños/as".

Como señala Comella (2009), a partir del consenso y de la confianza, podremos dibujar con mayor claridad el rol de cada institución, ayudándonos a avanzar en este propósito colectivo, el desarrollo íntegro (a nivel social, afectivo, cognitivo y moral) de nuestros/as hijos/as y alumnos/as.

- La participación

En la actualidad, se detecta una continua falta de implicación por parte de las familias, que de existir se limita a participaciones puntuales (denominadas **familias voluntarias**) o al AMPA (**familias colaboradoras**), por ello, y a partir de este proyecto, las familias se verán involucradas, participando del aula (**familias de aula**), conociendo la metodología que se trabaja dentro de la misma, asumiendo roles predeterminados, desempeñando tareas aprendidas; posibilitando así la continuidad de ella en el hogar. A la vez que creamos un trabajo coordinado y complementario.

De esta forma, podemos asegurar que la participación de las familias dentro del aula es muy importante para el proceso enseñanza-aprendizaje del alumnado, así como para su desarrollo evolutivo, ya que, motiva al alumnado, se sienten seguros dentro del aula y dada la amplia gama de metodología y recursos que oferta la educación hoy en día en el proceso enseñanza-aprendizaje, se hace necesario que la familia conozca la forma de trabajar que llevamos dentro del aula para que la labor educativa se apoye desde casa, asegurándonos así la continuidad.

Además, las familias de aula desarrollan habilidades, ante inexistentes para atender, comprender y enseñar, a sus propios/as hijos/as.

Todo ello, sin olvidar que la familia y la escuela tienen funciones diferentes pero complementarias, para lo que será necesario un clima de respeto y confianza, que sólo se consigue a través del diálogo, la comunicación e intercambio constante y continuo de información entre ambos. Logrando así, que los dos agentes desempeñen sus funciones de forma correcta y contribuyendo al desarrollo integral del alumnado, objetivo curricular más importante.

Para ello, se les proporcionará a las familias una serie de recursos para favorecer la implicación de la familia en la vida del centro, y concretamente a la vida dentro del aula, (objetivo del proyecto "familias de aula"),dándoles la posibilidad de que puedan adquirir sentimiento de propiedad con respecto a la escuela.

Si pensamos en la escuela, y concretamente en el aula, con esta práctica educativa, el/la tutor/a se asegura que dentro del aula habrá, al menos, dos adultos, lo cual supone que el trabajo puede ser más individualizado.

En definitiva, con el desarrollo de **"Familias de aula"**, los/as docentes acentuamos nuestro carácter de nexo entre padres/madres o tutores legales y los menores, posibilitando aún más la comunicación y comprensión de ambos, a la vez que proporcionamos a las familias estrategias para ayudar a sus hijos/as, implicarse en sus tareas, y completar la labor docente; Asegurarnos la continuidad en los procesos de aprendizaje; Y dotamos el aula de otro/s adultos para individualizar aún más el aprendizaje.

Por último, y aunque cómo señalaba al comienzo, este proyecto puede llevarse a cabo en cualquier etapa educativa, cabe señalar que, el desarrollo de "familias de aula", en Educación infantil, supone la divulgación entre las familias de la importancia de esta etapa, que aunque no es obligatoria, el trabajo y adquisición de los prerrequisitos lecto-escritores, sentará las bases del aprendizaje de sus hijos/as en etapas superiores, posibilitando un buen desarrollo curricular de los/as mismos/as, y por tanto contribuyendo su desarrollo integral.

En Educación primaria, el proyecto puede centrarse en las áreas instrumentales de lengua y matemáticas, para lo cual el profesorado ha de modificar y adecuar su metodología, para el buen desarrollo del proyecto

REFERENCIAS LEGALES Y TEÓRICAS

Actualmente son pocas las personas que se cuestionan la importancia de conseguir una adecuada colaboración entre la familia y la escuela como medida para mejorar los resultados.

Muestra de ello es que en las últimas investigaciones y estudios, es considerada una de las estrategias claves para la mejora de los resultados, y por tanto para el logro de la calidad educativa.

A través de este recorrido legislativo, podremos observar cómo ha evolucionado el concepto de "participación familiar" en los centros educativos de infantil y primaria, destacando el comienzo del siglo XXI, momento en que se hace latente la importancia de reforzar la participación familiar en las escuelas.

Fue en el año 2000, cuando la Comisión Europea afirma en su informe: "la participación de los padres puede influir de diferentes manera en la calidad de la educación de sus hijos"

También la Red Europea "Cooperación entre familias y escuela", da muestras de este cambio, al indicar que la participación de las familias "debe estar claramente regulada en la normativa y ser considerada clave para la calidad de las escuelas".

1. REFERENCIAS LEGALES:

CONSTITUCIÓN ESPAÑOLA DE 1978:

A lo largo de algunos de sus artículos, se hace referencia a la participación como principio rector del sistema educativo. He aquí algunos ejemplos:

Artículo 9.2 "Corresponde a los poderes políticos promover las condiciones para que la libertad y la igualdad del individuo y de los grupos en que se integran sean reales y efectivos; remover los obstáculos que impidan o dificulten su plenitud y **facilitar la participación de todos los ciudadanos** en la vida política, económica, cultural y social".

Artículo 22.1. y Artículo 23. Hace referencia al derecho a la asociación y al derecho de participación en asuntos públicos, respectivamente. (Ambos artículos están más relacionados con la constitución de AMPAS, Consejo Escolar)

Artículo 27.5 "Los poderes públicos garantizarán el derecho de todos los ciudadanos a la educación, mediante una programación general de la enseñanza, con participación efectiva de todos los sectores afectados y la creación de centros docentes".

Artículo 27.7. "los profesores, los padres y en su caso, los alumnos intervendrán en el control y gestión de todos los centros sostenidos por la Administración con fondos públicos, en los términos que la ley establezca"

Artículo 39. Hace referencia a la protección de la familia y la infancia.

LEGISLACIÓN EDUCATIVA:

A continuación se hará un recorrido por las diferentes leyes educativas, estén o no vigentes, que hacen mención al derecho a la participación familiar en el proceso educativo de sus hijos/as; así como la obligación de colaborar en los centros docentes y con el profesorado.

✓ **Ley General de Educación de 1970 (LGE):**

En ella se hace referencia al derecho de las familias a crear asociaciones.

✓ **Ley Orgánica 5/1980, de la jefatura de Estado, de 19 de junio, por la que se regula el Estatuto de Centros Docentes (LOECE):**

Estableció la existencia de asociaciones de madres y padres como vehículo para ejercer el derecho de la participación en los órganos colegiados.

✓ **La Ley Orgánica 8/1985 de 3 de Julio, reguladora del Derecho a la Educación (LODE):**

Donde aparece un nuevo concepto de participación.

En su artículo 4 hace referencia a la participación de las familias en:

- El proceso de enseñanza-aprendizaje.

- La organización, funcionamiento, gobierno y evaluación del centro educativo, en los términos establecidos en las leyes.

A la vez, hace mención de las responsabilidades que les corresponden:

- Participar de manera activa en las actividades que se establezcan en virtud de los compromisos educativos que los centros establezcan con las familias, para mejorar el rendimiento de sus hijos.

Conocer, participar y apoyar la evolución de su proceso educativo, en colaboración con los profesores y los centros. En el artículo 5 de la LODE, se establecen los canales de participación de las familias en el sistema educativo:

- Libertad de asociación (entre cuyas funciones está la de colaborar en las actividades del centro; promover la participación de los padres en la gestión del centro;...)

✓ **Ley Orgánica 1/1990, de 3 de Octubre, de Ordenación General del Sistema Educativo (LOGSE)**

No aportó ninguna modificación respecto a la participación familiar

✓ **Ley Orgánica 9/1995 de 20 de Noviembre de la participación, evaluación y gobierno de los centros (LOPEGCE)**

En el artículo 2.2. se expresa que los padres pueden participar en el funcionamiento de los centros a través de las asociaciones; y en el artículo 3 contempla su participación en actividades escolares complementarias y extraescolares.

✓ **Ley Orgánica 10/2002 de 23 de Diciembre, de Calidad de la Educación (LOCE)**

Añade como deber, el conocer y apoyar la evolución del proceso educativo de sus hijos/as en colaboración con los profesores/as y los centros, lo que nos deja entrever el contacto directo de estos dos agentes educativos.

✓ **Ley Orgánica 2/2006 de 3 de Mayo, de la Educación (LOE)**

Esta ley ya trata la participación con mayor amplitud.

Desde el preámbulo hace hincapié en que la responsabilidad del éxito escolar de todo el alumnado no solo recaerá sobre él mismo, individualmente, sino también sobre sus familias y el profesorado, entre otros.

Menciona además, a las familias como colaboradoras, las cuales se comprometen con el trabajo cotidiano de sus hijos y la vida de los centros docentes.

En el artículo 1, se recalca el esfuerzo compartido por alumnado, familias, profesorado, centros, administración, instituciones y el conjunto de la sociedad como principio de la educación.

En el artículo 118. Se menciona la necesidad de hacer afectiva la corresponsabilidad entre el profesorado y las familias en la educación de sus hijos/as. Para lo cual, las administraciones adoptarán medidas que promuevan e incentiven la colaboración efectiva entre la familia y la escuela.

Se contempla que en el proyecto educativo se promoverán compromisos educativos entre las familias y el propio centro en los que ambos, se comprometan a desarrollar actividades para mejorar el rendimiento académico del alumnado.

Cabe destacar que esta ley, atribuye la competencia de impulsar la colaboración con las familias al propio director del centro.

✓ **Ley 17/2007 de 10 de Diciembre, de Educación en Andalucía (LEA)**

Reconoce dichos principios al dedicar el título I a la comunidad educativa: alumnado, profesorado, al que concede el papel relevante que representa en el sistema educativo, impulsando con ello el reconocimiento y apoyo social de su actividad, familias, de las que regula su participación en el proceso educativo de sus hijos e hijas y personal de administración y servicios y de atención educativa complementaria.

✓ **Real Decreto 1630/2006 de 29 de Diciembre, por el que se establecen las enseñanzas mínimas del segundo ciclo de educación infantil**

En él se especifica lo siguiente con respecto a la participación y colaboración del sistema educativo con las familias:

"En esta etapa más que en cualquier otra, desarrollo y aprendizaje son procesos dinámicos que tienen lugar como consecuencia de la interacción con el entorno. Cada niño tiene su ritmo y su estilo de maduración, desarrollo y aprendizaje, por ello, su afectividad, sus características personales, sus necesidades, intereses y estilo cognitivo, deberán ser también elementos que condicionen la práctica educativa en esta etapa. En este proceso adquiriere una relevancia especial la participación y colaboración con las familias".

En el artículo 3 establece que los centros docentes cooperarán estrechamente con las familias para conseguir mayor cohesión y unidad de criterio en la educación de los/as menores, así como establecer mecanismos para favorecer la participación en su proceso educativo.

✓ **Real Decreto 1513/2006 de 7 de diciembre, por el que se establecen las enseñanzas mínimas de la educación primaria.**

En el artículo 11 establece que "el profesor tutor coordinarán la intervención educativa del conjunto del profesorado.

✓ **Decreto 328/2010 de 13 de Julio, por el que se aprueba el Reglamento Orgánico de las escuelas infantiles de segundo grado, de los colegios de educación primaria, de los colegios de educación infantil y primaria, y de los centros públicos específicos de educación especial.**

Título III capítulo único, art.10. Derechos de las familias

Las familias tienen derecho a:

"b) participar en el proceso educativo de sus hijos e hijas, apoyando el proceso de enseñanza y aprendizaje de estos."

"n) participar en la vida del centro y en el Consejo escolar."

Título III capítulo único, art.11

Artículo 11. Colaboración de las familias.

1) Los padres y las madres o representantes legales, como principales responsables que son de la educación de sus hijos e hijas o pupilos, tienen la obligación de colaborar con los centros docentes y con los maestros y maestras.

2) Esta colaboración de las familias se concreta en:

   a. Estimular a sus hijos e hijas en la realización de las actividades escolares para la consolidación de su aprendizaje que les hayan sido asignadas por el profesorado.

   b. Respetar la autoridad y orientaciones del profesorado.

   c. Respetar las normas de organización, convivencia y disciplina del centro.

   d. Procurar que sus hijos e hijas conserven y mantengan en buen estado los libros de texto y el material didáctico cedido por los centros.

   e. Cumplirán con las obligaciones contraídas en los compromisos educativos y de convivencia que hubieran suscrito con el centro.

✓ **Ley Orgánica 8/2013, de 9 de diciembre, para la Mejora de la Calidad Educativa (LOMCE)**

Incluye el reconocimiento del papel de los padres, madres y tutores legales como primeros responsables de la educación de sus hijos.

La intervención de las familias en la vida de los centros se plasma aquí, en diversos aspectos que van desde la elección de centro educativo, hasta el derecho a la información y el asesoramiento sobre el proceso enseñanza y aprendizaje de sus hijos/as, pasando por otros aspectos como, la elección de modalidad de enseñanza, la consulta sobre la aplicación de los programas de mejora del aprendizaje y los compromisos educativos entre familias y los centros para el desarrollo del rendimiento del alumnado.

✓ **Real Decreto 126/2014 de 28 de febrero, por el que se establece el currículo básico de la Educación Primaria:**

Afirma que se mantendrá una relación permanente con la familia.

En el Artículo 15 indica que los centros promoverán compromisos con las familias y con los propios alumnos y alumnas en los que se especifiquen las actividades que unos y otros se comprometen a desarrollar para facilitar el progreso educativo.

En el Artículo 16 menciona la participación de padres, madres y tutores legales en el proceso educativo. De conformidad con lo establecido en el artículo 4.2e) de la Ley Orgánica 8/1985, de 3 de julio, reguladora del Derecho a la Educación, los padres, madres o tutores legales deberán participar y apoyar la evolución del proceso educativo de sus hijos o tutelados, así como conocer las decisiones relativas a la evaluación y promoción, y colaborar en las medidas de apoyo o refuerzo que adopten los centros para facilitar su progreso educativo, y tendrán acceso a los documentos oficiales de evaluación y a los exámenesy documentos de las evaluaciones que se realicen a sus hijos tutelados.

✓ **Decreto 97/2015, de 3 de marzo, por el que se establece la ordenación y el currículo de la educación primaria en la Comunidad Autónoma de Andalucía.**

Se afirma que se debe facilitar el trabajo colaborativo y participativo de las familias y de cuantos sectores sociales e instituciones puedan estar implicados.

2. REFERENCIAS TEÓRICAS (AUTORES)

Son muchos los autores que hacen mención a la participación familiar, resaltando diferentes aspectos, he aquí algunos ejemplos:

- Freire, parte de que todas las personas que forman parte del entorno del alumnado influye en el aprendizaje y, por tanto, escuela y familia deben planificarlo conjuntamente.

- Sánchez de Horcajo (1979) definió la participación como un concepto clave cuya introducción parecía solucionar la mayor parte de los problemas. Aunque ésta no sea la solución para todo, S. Horcajo opina que sí puede producir una sensible transformación de los sistemas educativos en la sociedad actual.

- Deming (1988) como otros autores, apunta a que la participación familiar está orientada a aumentar la productividad, insiste "en el uso más eficiente y efectivo de los recursos", y apunta que su incorporación supone la disposición de "recursos frescos a un sistema educativo con escasos presupuestos".

- Por otra parte, el Tratado Internacional de protección y Educación a la infancia y la familia en el artículo VI, se hace explícita "la necesidad de concertar acciones entre todos los actores, a fin de lograr la educación para todos"

- Unesco (VII reunión del comité regional intergubernamental del Proyecto Principal de Educación), en sus declaraciones hace referencia a la participación familiar de la siguiente forma:

   "Que siendo la educación un derecho y deber de cada persona, compartido por la sociedad, es necesario crear mecanismos adecuados y flexibles que aseguren una sostenida participación de múltiples actores [...] Los mecanismos de integración deben estar referidos a los distintos ámbitos del quehacer educativo, comenzando con la familia, el aula, la institución escolar..."

- Covadonga (2001), señala que, independientemente del tipo de familia que se tenga, existen una serie de factores que van a afectar en el desarrollo de la personalidad de los niños como en su rendimiento:

1) Nivel socioeconómico familiar.
2) Formación de los padres.
3) Recursos culturales.
4) Estructura familiar.
5) Clima familiar.
6) Relación entre los diferentes miembros.
7) Demandas y aspiraciones.
8) **Interés de los padres en las tareas escolares.**

Desde esta perspectiva, "El rendimiento académico del alumno no se debe exclusivamente a la labor que se desempeña en el centro educativo, sino que ejerce una poderosa influencia el entorno familiar" (Covadonga, 2001).

- Symeou (2005), sostiene que se ha de "promover desde la infancia un contacto frecuente entre la familia y escuela, porque cuando los padres y madres se implican activamente en la educación de sus hijos, contribuyen a generar en ellos mayor interés por los estudios".

- Gairín y Bris (2007) "la participación tiene valor educativo en sí mismo y, en consecuencia, su eficacia no puede valorarse solo en términos de intervención en la gestión.

¿POR QUÉ DESARROLLAR "FAMILIAS DE AULA" EN UN AULA O CENTRO EDUCATIVO?

Partimos de una situación en la que escuela y familias se hacen demandas tales como garantizar una educación de calidad para sus hijos/as o preparar al niños/a para su ingreso en la escuela, ambas pueden ser atendidas, siempre y cuando se sustituya la rivalidad por apoyo mutuo.

Son varias las necesidades detectadas y que me han llevado a investigar y desarrollar "Familias de Aula":

- *Necesidad de crear relaciones cordiales entre la familia y la escuela*: aún, y en muchos sentidos los dos pilares de aprendizaje fundamentales de la vida del/la niño/a se encuentran separados y enfrentados, cuyo único contacto se basa principalmente en las reuniones informativas (tutorías), consistentes en dar información sobre la adquisiciones de sus hijos/as, así como de aspectos conductuales, generalmente centrados en los negativos.

  Este enfrentamiento, se genera entre otras causas por la errónea idea de establecer dualidades entre lo que debe enseñar al menor uno u otro pilar educativo; por el contrario, "familias de aula", se centra en crear, a ambas partes, conciencia de responsabilidad compartida, aportando así al alumnado, una mayor visión global y no dual del mundo, que a su corta edad, le rodea.

  Por otra parte, proporciona a las familias de nueva incorporación al centro, la posibilidad de conocer el centro desde dentro de las aulas, rediciendo así los sentimientos de inseguridad y desconfianza ante un centro educativo desconocido.

- *Necesidad de acercamiento a la escuela al mayor número de familias*: el trabajo, la falta de tiempo, la cantidad de metodologías existentes, la evolución en el sistema educativo... hacen que las familias se encuentren cada vez más alejadas, e inseguras de la educación formal de sus hijos/as. Aún así, hay familias, denominadas en "Familias de aula", como familias voluntarias, que participan del aula puntualmente, en actividades extracurriculares, con lo que no conocen realmente el funcionamiento del aula (rutinas y metodologías), o familias colaboradoras, que se centran en aquellas destinadas al A.M.P.A. del centro, y que no tienen relación directa con el día a día del aula.

Pero las necesidades actuales, requieren de la participación familiar dentro del aula educativa, en la que solo formando parte de la misma, de manera sistematizada, conocerán y aprenderán diferentes recursos educativos y metodológicos desarrollados con su hijo/a, a los que pueda dar continuidad en su hogar, reforzando positivamente el desarrollo del alumno/a.

- *Necesidad de atender a situaciones concretas*: los diferentes tipos de familias, así como su situación social, nos lleva a que cada una debe atenderse de manera diferente. "Familias de aula", posibilita a través de la integración de las mismas en el aula, conocer mejor sus necesidades y comportamientos, pudiendo aplicar en cada caso las estrategias más acertadas.

  Por ejemplo: en situaciones en que la madre es privada de valor dentro del núcleo familiar, la participación como familia de aula, posibilitará además de un aumento de autoestima, un incremento del valor emocional, conceptual... mayor en su hijo/a, mermando los aspectos negativos que generaban el concepto anterior.

- *Necesidad de atender al alumnado de manera individualizada*: todos/as conocemos que el alumnado mejora su rendimiento si es atendido de manera individual o, al menos, en pequeños grupos, y estas posibilidades de mejora aumentan, cuando esta atención es reiteradamente así. "Familias de aula", establece, en coordinación con las familias voluntarias y de aula, un calendario de participación anual, con las primeras, y semanal con las segundas, que asegura la participación del mayor número de personas adultas, a la vez que nos proporciona poder desarrollar actividades diarias con más de un adulto dentro. Multiplicando así, las posibilidades de atención.

- ***Necesidad de facilitar el aprendizaje al alumnado***: el aprendizaje de los/as más pequeños/as, es más eficaz cuanto más familiar es el ambiente en el que se desarrolla, por ello, la participación de sus propias familias, les posibilitará un mayor éxito en sus aprendizajes, ya que aumentará su motivación, confianza y seguridad, así como el sentido de pertenencia al centro, a la vez que, aseguramos una continuidad metodológica en sus casas.

- ***Necesidad de divulgación de la importancia de las actividades desarrolladas a lo largo de la etapa de educación infantil***: durante la etapa de educación infantil el alumnado debe adquirir una serie de prerrequisitos que posibilitarán un adecuado aprendizaje a lo largo de su vida estudiantil, pasando además por la atención temprana de las dificultades que pueden limitar o frenar el proceso de aprendizaje.

Para la adquisición de estos prerrequisitos, utilizamos recursos en gran medida, lúdicos, por lo que aparentemente, se convierten en actividades carentes de importancia a los ojos de aquellas personas que desconocen el objetivo perseguido.

"Familias de aula", y en las horas de formación dedicada a las familias, tiene como uno de sus objetivos poner en conocimiento de estas la importancia de la correcta realización de las actividades, las dificultades que pueden plantear al alumnado al realizarlas, así como el fin con el que se realiza y planifica dicha actividad. De esta manera, las familias van tomando consciencia de la importancia de las actividades y de los logros que adquieren sus propios hijos/as.

Pongo como ejemplo, la correcta presión, prensión y precisión de la pinza digital y, realización correcta del giro cuyo no logro, frenará al alumno/a en la escritura.

culturales, la estructura familiar, el clima familiar, la relación entre los diferentes miembros, las demandas y aspiraciones y el interés de los padres en las tareas escolares.

Por lo que, se puede afirmar que el entorno familiar ejerce una importante y poderosa influencia en el rendimiento académico del niño/a. Por tanto, es necesario promover el contacto frecuente entre la familia y la escuela, destacando su papel como agente socializador, y a éste, como como "los grupos o los contextos sociales en los que tiene lugar un proceso de socialización., siendo el más importante la familia, ya que en ella tienen lugar los procesos más significativos de socialización".

A pesar de que existe más agentes socializadores, no centraremos en la familia, ya que el objetivo de este proyecto es, precisamente, establecer un vínculo de cooperación, participación y coordinación con el centro educativo, y concretamente dentro de las aulas, tal que se produzca una mejora en la calidad del proceso enseñanza-aprendizaje.

CONCEPTO DE PARTICIPACIÓN

"...concepto clave cuya introducción parecía solucionar la mayor parte de los problemas, y aunque ésta no sea la solución para todo, sí puede producir una sensible transformación de los sistemas educativos en la sociedad actual". Sánchez de Horcajo (1979)

El concepto de participación en la educación en general es confuso por lo que dependiendo de los miembros existentes en las diferentes comunidades educativas, será entendida de uno u otro modo. Puede ser entendida como colaboración, como una forma de control del alumnado, como una manera de estar informados, o incluso como una manera de toma de decisiones.

Por ello, es necesario matizar la definición que "Familias de Aula" tiene de la participación:

La participación familiar, es la posibilidad que éstas tienen de opinar, aportar, tomar ciertas decisiones, proponer y participar de forma activa, organizada y sistematizada dentro del aula en la que sus hijos/as adquieren parte de su educación, ya que es aquí y en el hogar dónde se sentarán las bases del pleno desarrollo de sus hijos/as.

En definitiva, "Familias de Aula" se centra en la idea de PARTICIPACIÓN "como factor de mejora, cambio y acuerdo de una situación"

En todos los centros educativos, las familias tienen la oportunidad de formar parte de la vida educativa de sus hijos/as, a través de la Participación Institucionalizada (Consejo Escolar, AMPA y Comisiones).

"Familias de aula", brinda la oportunidad de poder formar parte de la vida del centro a través de la participación NO institucionalizada, es decir:

1. FAMILIAS DE AULA: la/s familia/s participa/n con el/la maestro/a en la realización de actividades este tipo de participación puede ser

sistemática, con una presencia regular de las familias, estable, planificada y organizada o una participación esporádica, cuando los padres solo actúan en momentos determinados del curso escolar.

2. FAMILIAS VOLUNTARIAS: aquellas que participan de manera puntual, una o dos veces durante el curso. En actividades concretas como el carnaval, hacer una receta de cocina...

Más adelante se profundizará en este aspecto.

FACTORES QUE INFLUYEN EN LA PARTICIPACIÓN

Hay tres factores principales a tener en cuenta para llevar a cabo la participación:

MOTIVACIÓN: será imprescindible para llevar a cabo este proyecto, tanto por parte de los/as maestros/as como de las familias. Por ello, la reunión informativa de principio de curso será importante, así como la muestra de resultados para los cursos siguientes.

FORMACIÓN: para una efectiva participación, así como para el buen clima de aula y el bienestar de los participantes, las familias de aula han de tener sesiones de formación.

ORGANIZACIÓN: factor fundamental para que dicho proyecto, "Familias de Aula", se lleve a cabo con buenos resultados.

¿POR QUÉ PARTICIPAR?

Son muchos los autores que ven en la participación un elemento clave para:

Buscar canales de comunicación que faciliten la cooperación y colaboración, transformando sensiblemente el sistema educativo de la sociedad actual.

Adaptar el proceso educativo a las necesidades reales de cada niño/a.

Teniendo en cuenta varias investigaciones (Macbeth, 1989; García-Bacete, 2003; Paniagua y Palacios, 2005; Comellas, 2009) podemos destacar las siguientes:

- La implicación de las familias en los procesos de enseñanza y aprendizaje repercute de forma directa en el rendimiento del alumnado.

- Los centros que ofrecen más poyo a las familias y a la vez a sus hijos/as alcanzan mejores resultados, consiguiendo una mayor involucración por parte de las familias.

- La relación familia-escuela, proporciona a los/as niños/as mayor seguridad y motivación.

- Familia y escuela tienen un objetivo común: la educación de los/as niños/as.

- Las familias aprenden nuevas formas de comunicación con sus hijos, así como más éxito en la estimulación de su desarrollo, al observar al profesorado.

- Las familias, son las responsables, ante la ley, de la educación de sus hijos/as, dándoles la mayor parte del proceso educativo dentro del seno familiar. Siendo necesario compatibilizar los aprendizajes que se dan en la escuela con los que se adquieren en la familia.

- Tanto familias como profesorado debe proporcionarse información del alumnado.

Además el proyecto "Familias de Aula", puntualiza cinco razones más:

- El trabajo colaborador y cooperativo dentro y fuera del aula de las familia y el profesorado provocará un cambio positivo en su relación y una mejora en la calidad de la enseñanza.

- La participación de las familias dentro del aula constituyen un ejemplo de actuación para alumnado, así como una fuente de enriquecimiento en la que intercambiamos aprendizajes.

- Aumenta la seguridad de las familias así como del alumnado en la enseñanza y adquisición de aprendizajes

- Contar con más de un adulto en el aula, posibilita el trabajo más individualizado con el alumnado.

- La participación familiar dentro del aula dota de recursos a las familias para que puedan ayudar a sus hijos/as en la adquisición del aprendizaje.

ÉXITO PARA TODOS

Cuando la participación de las familias en el centro es realmente efectiva, esta colaboración produce efectos muy positivos en todos los implicados.

Martínez (1992) destaca los siguientes efectos positivos:

- El incremento en el rendimiento escolar.
- La mejora en el comportamiento.
- La mejora del nivel intelectual y competencias lingüísticas.
- La mejora de su actitud hacia el profesorado.
- El aumento de ayuda a sus hijos en los temas académicos.
- El conocimiento del funcionamiento del centro.
- La mejora de las actitudes hacia la familia.
- El mayor contacto con los alumnos a través de las tutorías.
- Y una mayor motivación en la actividad escolar

Desde la experiencia de la puesta en práctica de este proyecto, se corroboran dichos beneficios.

He aquí un desglose de ellos para cada uno de los agentes implicados:

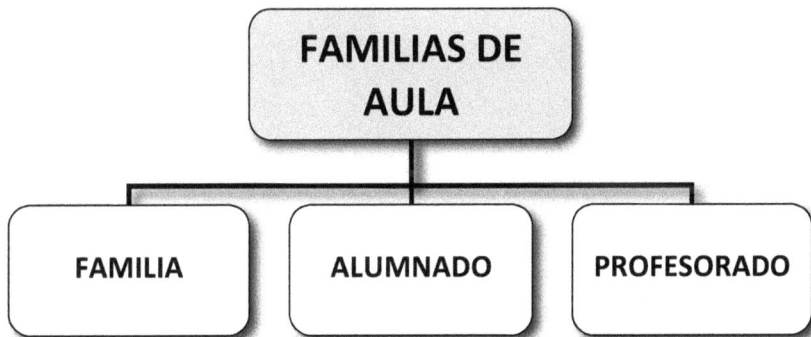

```
            ┌──────────────────┐
            │   FAMILIAS DE     │
            │      AULA         │
            └──────────────────┘
        ┌───────────┼───────────┐
  ┌──────────┐ ┌──────────┐ ┌──────────────┐
  │ FAMILIA  │ │ ALUMNADO │ │ PROFESORADO  │
  └──────────┘ └──────────┘ └──────────────┘
```

FAMILIA

- Adquisición de recursos para atender y ayudar a sus hijos/as, tanto en su labor educativa como en la adquisición de hábitos y normas.
- Aumentar la confianza en la labor docente.

- Establecer relaciones más cordiales con el profesorado.

ALUMNADO

- Mejor adquisición de conocimientos.
- Mejor adquisición de hábitos.
- Aumento en el rendimiento escolar.
- Mayor sentido de pertenencia al centro.
- Aumento de autoestima y confianza.
- Más momentos de atención individualizada.
- Mayor número y variedad de actividades en el aula.

PROFESORADO

- Mayor valoración de la labor docente.
- Obtener más apoyo y que éste sea más sistematizado.
- Aumenta la motivación.
- Mayor calidad educativa.

PROYECTO EDUCATIVO "FAMILIAS DE AULA"

OBJETIVOS

A lo largo del trabajo se puede observar que el objetivo principal de "familias de Aula" es el siguiente:

"Mejorar la atención educativa del alumnado a través del trabajo coordinado con las familias dentro del aula, dotándolas, a la vez, de diferentes recursos a todos los agentes implicados, provocando así, un cambio en el proceso educativo"

Todos estos se conseguirán cumpliendo los siguientes objetivos:

- Mejorar las relaciones de toda la comunidad educativa creando ambiente de confianza y familiaridad.
- Fomentar el acercamiento y la participación de la familia en la vida del centro y del aula.
- Mejorar la atención educativa del alumnado, así como su calidad educativa.
- Dotar de diferentes recursos a las familias para la educación desus hijos.
- Aumentar los recursos humanos dentro del aula, posibilitando un trabajo más individualizado.
- Identificar en la legislación vigente la importancia que se da a la participación activa de la familia en la vida del centro.
- Favorecer la participación de los padres mediante medidas institucionalizadas.
- Crear hábitos de participación tanto en la familia como en la comunidad escolar.

Además de estos objetivos, se especifican a continuación otros dirigidos a cada uno de los agentes participantes (familia, alumnado, profesorado):

Objetivos con el alumnado:

→Favorecer el desarrollo integral del alumno.

→Motivar a los alumnos.

→Proporcionar seguridad al alumno.

→Proporcionar atención individualizada.

→Mejorar sus logros académicos.

→Mejorar el rendimiento de los/as alumnos/as a través de la participación de las familias.

→Lograr el desarrollo íntegro de nuestro alumnado.

Objetivos con las familias de aula:

→Valorar el trabajo del docente.

→Conocer el trabajo del aula.

→Conocer el por qué y para qué se realiza una tarea determinada con los alumnos.

→Conseguir una participación continua de los padres desde la incorporación de sus hijos a la escuela.

→Valorar los logros de los alumnos por parte de la familia.

→Aprender estrategias para la resolución de dificultades.

→Desarrollar la confianza en su s posibilidades educacionales.

→Ofrecerles habilidades y recursos que favorezcan el desarrollo integral de sus hijos/as

→Ofrecer distintas alternativas en la resolución de conflictos.

Objetivos con los/as maestros/as:

→Mejorar el proceso enseñanza-aprendizaje y los resultados educativos, a través de, la atención individualizada del alumnado y el refuerzo educativo.

→Conseguir continuidad del aprendizaje y a los hábitos en casa.

→Conocer y compartir experiencias con los padres.

→Favorecer la comunicación con las familias.

→Aumentar su fuente de recursos

→Incentivar a los docentes a aplicar estrategias que fomenten la integración entre la escuela, la familia y comunidad.

PONER EN MARCHA "FAMILIAS DE AULA" EN MI AULA O CENTRO

En el siguiente diagrama se enuncian los cuatro pasos fundamentales a desarrollar para llevar a cabo este proyecto:

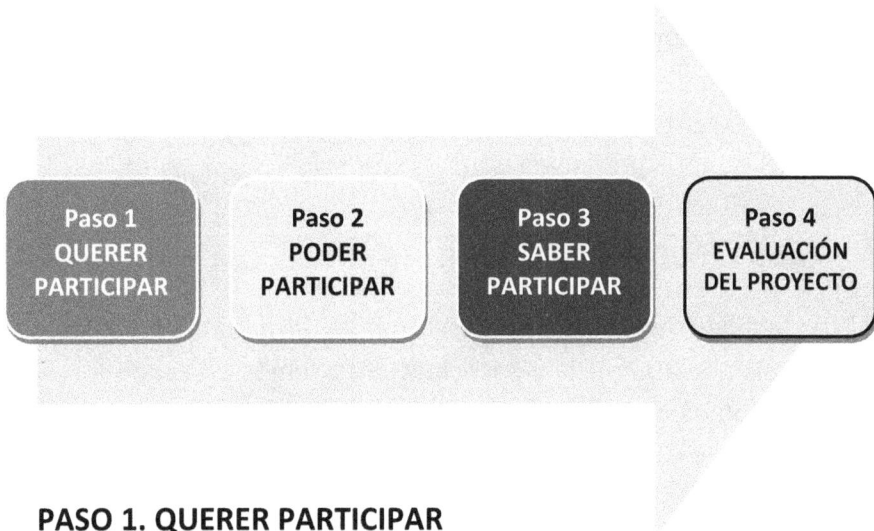

| Paso 1 QUERER PARTICIPAR | Paso 2 PODER PARTICIPAR | Paso 3 SABER PARTICIPAR | Paso 4 EVALUACIÓN DEL PROYECTO |

PASO 1. QUERER PARTICIPAR

Todas las familias han de conocer la posibilidad de participar como "familias de aula".

En la primera reunión de tutoría general, informaremos a todas las familias acerca de la intención de llevar a cabo el proyecto "Familias de Aula", resaltando la importancia de la complicidad que debemos tener para favorecer así el buen desarrollo de sus hijos/as, ya que a partir de ese momento, y por el período de su formación, ambos, familia y escuela, seremos los eslabones más cercanos al niño/as, y por tanto los más influyentes, por lo que debemos un irnos para asegurarnos su buen desarrollo.

Debemos resaltar la importancia de su participación así como la posibilidad (en los dos últimos casos), de incorporarse al proyecto cuando puedan o deseen.

En posteriores reuniones trimestrales haremos énfasis en la labor de las familias implicadas en el proyecto y cómo repercute en el proceso de enseñanza-aprendizaje del alumnado; del mismo modo, se añadirá como punto a tratar, la narración de las experiencias por parte de las mamás- seños/papás-profes.

Es importante, que en todas las reuniones nos mostremos dispuestos a recibirles en el aula, siempre que las familias estén dispuestas a cumplir una serie de normas, así damos la posibilidad de que el número de familias participantes aumente durante todo el curso o en períodos concretos.

PASO 2. PODER PARTICIPAR

Las familias que se ofrezcan voluntarias, firmarán un "contrato" de compromiso de asistencia y participación, además de acudir a sesiones de formación e información sobre los aspectos más relevantes del aula, como son las normas, el funcionamiento, características generales del alumnado...

Existen diferentes formas de participación, "Familias de aula" se centra en dos tipos, denominados por Paterman (1979)

- Participación parcial: las familias de aula podrán influir en las decisiones, pero no tomarlas. (En las sesiones de formación)
- Pseudo-participación: las familias de aula no podrán influir en las decisiones, (en la programación de aula). No influyen en el contenido, pero sí en la metodología empleada ya que su asistencia al aula hará necesaria su modificación para optimizar recursos y resultados.

Este proyecto tiene diferentes denominaciones para las familias participantes y los diferentes momentos de participación no institucionalizada:

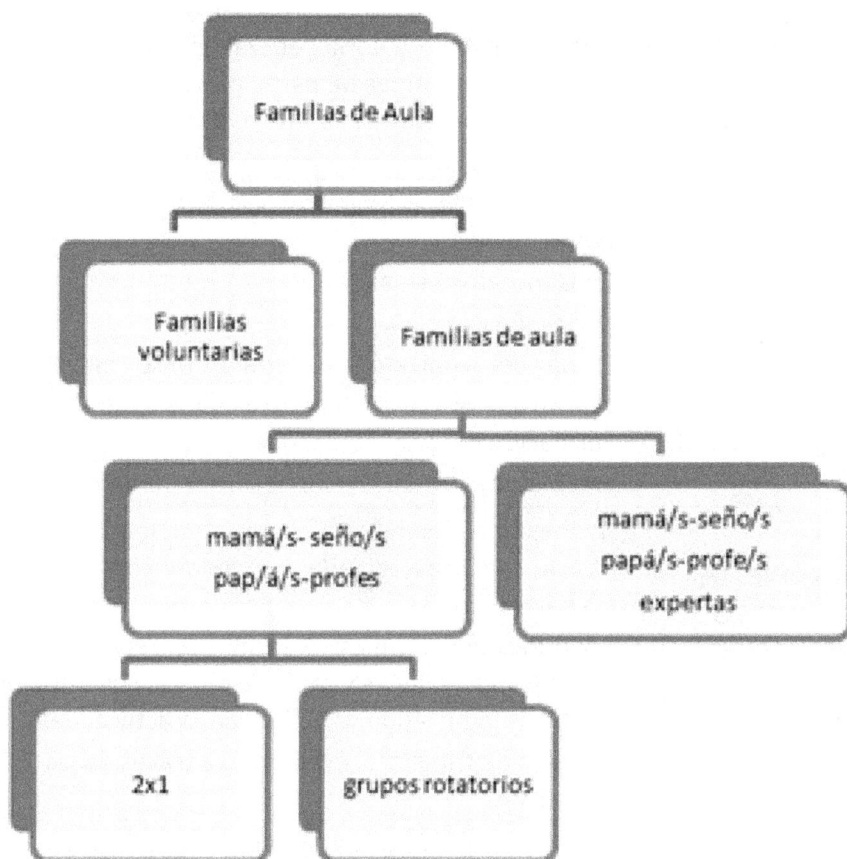

PASO 3. SABER PARTICIPAR

Para que este proyecto se desarrolle con éxito garantizando la colaboración y cooperación entre los diferentes agentes que participarán del aula, se hace necesario realizar diversas reuniones a lo largo de cada trimestre, de las cuales serán obligatorias las dos primeras, ya que son cruciales para la buena marcha del proyecto, ya que en ellas se tratarán los aspectos fundamentales para la puesta en marcha del proyecto en el aula.

He aquí un cuadro resumen de las reuniones que deben tenerse:

REUNIÓN DE MOTIVACIÓN SEPTIEMBRE-OCTUBRE	Primera reunión de Tutoría general: informar a las familias de las diferentes formas de participación, informar sobre el proyecto "Familias de Aula" (ANEXO) y motivar a formar parte de él.
REUNIÓN DE CONSOLIDACIÓN OCTUBRE	Reunión con los/as posibles participantes de "Familias de aula" - Consenso de normas. - Definición de roles. - Firma de contrato de compromiso de asistencia y participación (ANEXO). - Formación y/o lecturas recomendadas - Establecer calendario (elección de horarios)
REUNIONES DE SEGUIMIENTO Y EVALUACIÓN DICIEMBRE, MARZO/ABRIL Y JUNIO	Reuniones con "Familias de aula" pudiendo ser dos al trimestre, según necesidades del aula y características de los/as participantes. 1. Al principio del trimestre: formación, seguimiento, resolución de dudas y trabajo sobre el cuaderno de familias (ampliando y/o eliminando actividades 2. Al final de trimestre: evaluación a través de las plantillas,

IMPORTANTE: En las reuniones de principios de trimestre, tratar como punto de la reunión, la puesta en común de la experiencia por parte de las familias participantes, con intención de motivar a participar a más familias, destacando la importancia de su participación.

1. Reunión de motivación

Explicación del proyecto y argumentación de la importancia de su puesta en marcha.

Es importante que hagamos hincapié, no solo en qué consiste, sino también el rol que desempeñarán las familias participantes, de manera que nadie sienta que la intimidad de su hijo/a se vaya a ver afectada.

Para esta reunión nos ayudaremos de los capítulos anteriores, en los que se indican qué significa participar en "Familias de Aula", así como los beneficios y ventajas de esta práctica dentro y fuera del aula.

2. Reunión de consolidación

✓ **Firma de compromiso individual de participación, con el que se comprometen a asistir de manera puntual y en los turnos establecidos, además de cumplir las normas y roles asignados, además de la asistencia obligatoria a las reuniones de formación.**

✓ **Horario de participación:**

Se elaborará un horario de participación adecuándose al horario y necesidades del alumnado, así como a la planificación del profesorado y la disponibilidad de las mamás-seño/papás-profes.

De nuevo, es el momento de resaltar la idea de continuidad y compromiso, Por tanto, se subraya la idea de compromiso con el proyecto, recordando que deberán cumplir el horario lo más estrictamente posible, avisando al menos con un día de antelación de la **no** asistencia. Y se les anticipa que si esta situación se repite con asiduidad, deberán abandonar su condición de mamás-seño/papás-profes.

Se aclarará que esta medida no es sancionadora, sino orientada al beneficio del alumnado.

Aprovecharemos el momento para mostrar la hoja de registro de asistencia, medida para controlar y tomar conciencia de la asistencia individual de cada participante.

Para facilitar la distribución horaria, las "familias de aula", han de rellenar un cuestionario en el que se indican:

-Disponibilidad horaria, preferencias para los distintos tipos de actividades que se desarrollan en el aula, así como otras no nombradas. (Anexo)

Una vez fijados los horarios de participación se les dotará de los documentos:

1. Normas de participación (muy importante para llevar a cabo con éxito el proyecto)

a. Las normas de funcionamiento del aula.

b. Roles: se aclararán los roles que tiene cada agente (papel del tutor/a y papel de las familias de aula), haciendo hincapié en que deben preservar la intimidad del aula, y no hablar o hacer calificaciones del alumnado ni dentro ni fuera de ella.

2. Acreditaciones de mamás-señós/ papás-profes (medida para el control de personas no docentes que entran en el centro).

3. Cuaderno de familias de aula, dossier en el que se registran actividades que llevarán a cabo en el aula, y que deberán conocer para el buen funcionamiento de los grupos y rincones. Este dossier, se irá ampliando a los largo del curso y en las sucesivas reuniones que tendremos a lo largo del mismo, siendo esta primera sesión en la que comenzamos a familiarizarnos con el dossier, abordando aspectos como:

a. Metodología empleada en el aula

b. ¿Para qué?: qué sentido tiene la realización de las diferentes actividades y qué objetivo se pretende con ellas.

c. Materiales necesarios y su ubicación en el aula, (facilitando así la autonomía de las familias)

4. Recomendación de lecturas cortas (selección de lecturas que les ayudarán en su labor)

5. Establecer la fecha de la próxima reunión.

3. Reuniones de seguimiento y evaluación:

Seguimiento

Se tratarán los siguientes puntos:

→¿Cómo ayudarles a que aprendan...? Haciendo hincapié en la metodología utilizada en el aula.

→Uso y ubicación de los recursos del aula (recordatorio)

→Recomendaciones de lecturas.

→Resolución de dudas sobre el cuaderno de las familias de aula.

→Aclaración de aspectos observados, y necesarios de corregir. Aquí hemos de ser cautos a la vez que claros y concisos en las correcciones necesarias, siempre haciendo hincapié en la importancia de corregirlas para la buena marcha del proyecto y del alumnado.

→¿Qué hacer si...? En cada sesión de formación se dedica tiempo a responder a sus inquietudes, dudas y experiencias a resolver en el aula.

Evaluación

En la **última reunión de cada trimestre**, se hará una evaluación de la marcha de la práctica educativa, así como de los agentes implicados, y se ampliarán los dossier con nuevas actividades, a la vez que revisamos las que se han puesto en marcha para ver las dificultades, las ampliaciones/variantes que se les han ocurrido, para valorarlas y ponerlas en marcha si es posible.

DISTRIBUCIÓN DE RESPONSABILIDADES: EL PAPEL DE CADA AGENTE IMPLICADO EN EL PROYECTO

La presencia de más de un adultos en el aula, independientemente de que ambos sean maestros/as, familiares, o ambos, conlleva la adquisición de acuerdos y consenso de normas dentro del aula, para asegurar el buen clima, y el buen funcionamiento de "Familias de Aula", por ello, se prioriza en la primera reunión la elección de horarios, consenso de normas y definición de roles.

Principalmente deben quedar claros los siguientes aspectos de cada rol: EL/LA MAESTRO/A:

- Agente responsable de lo que sucede dentro del aula.
- Especialista del proceso de enseñanza-aprendizaje.
- Orientador de la familia de aula para las dudas y dificultades que surjan dentro de la misma.
- Coordinador/a de la puesta en marcha, desarrollo y cumplimiento de esta práctica educativa.
- Apoyar el aprendizaje colaborativo
- Responsable de programar las diferentes actividades.
- Responsable de informar de la evolución de la práctica educativa, a las familias que no participan.
- Responsable de todas aquellas funciones predeterminadas por la legislación vigente.

En definitiva, el/la maestro/a es el/la responsable de coordinar y facilitar el proceso enseñanza-aprendizaje, canalizando su poder de decisión, organización del currículo, apoyándose en las líneas generales de política educativa, dando respuesta a qué hacer, porqué, para qué y cómo enseñarlo.

LA FAMILIA

- Cumplir los acuerdos tomados en cuanto a normas de aula.

- Asistir de manera puntual y periódica a la/s sesión/es que se comprometió.

- Avisar con antelación de su ausencia, si llega a haberla.

- Firma del compromiso de participación.

- Reconocer como responsable máximo al tutor/a, a quién consultará decisiones de importancia.

- No hacer distinción entre su hijo/a y cualquier otro alumno/a del aula.

- Preservar la intimidad de los alumnos/a, evitando hablar y calificar fuera del aula al alumnado.

El familiar de aula, debe tener presente que es un agente colaborador, que ha de cumplir las normas acordadas, y ser consciente de ser ejemplo de los/as más pequeños, que lo consideran "maestro/a" una vez entra en el aula.

CUESTIONES ÉTICAS COMUNES

Teniendo en cuenta que las "familias de aula", pasarán durante el curso muchas horas dentro del aula, debemos dejarles clara su función principal, cuyo incumplimiento significará el abandono de su condición.

Las familias de aula, han de tener siempre presente este triángulo:

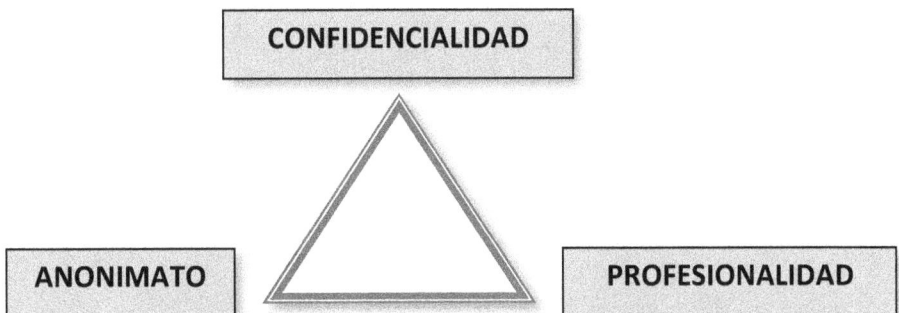

CONFIDENCIALIDAD

ANONIMATO   PROFESIONALIDAD

- Confidencialidad: acordando y exigie ndo el secreto de las reuniones.

- Anonimato: protegiendo la identidad de de los niños/as del aula, así como de los profesionales (maestros/as), y familia de aula, que estén en el aula.

- Profesionalidad: su condición de "familia de aula", les exige atender a ciertos patrones de conducta.

METODOLOGÍA

Este proyecto puede llevarse a cabo indistintamente se trabaje por proyectos de trabajo o métodos globalizados; con métodos tradicionales o constructivistas.

Las únicas modificaciones iniciales que se han de realizar al poner en práctica **"Familias de Aula"**, en un centro o aula, son los agrupamientos y tener en cuenta estos en el momento de programar.

Una vez iniciado, se hará necesario para optimizar los recursos humanos de que disponemos, crear recursos materiales.

La motivación, confianza en el proyecto y la estructuración de la programación y sesiones serán las principales herramientas para conseguir el éxito.

Este proyecto ha sido puesto en práctica en el segundo ciclo de Educación Infantil (3,4 y 5 años) y primer ciclo de primaria, y soy consciente que puede ser puesto en práctica en la educación primaria, eso sí, con ciertas modificaciones tales como:

En los grupos rotatorios:

- Asignar en el horario del aula al menos una sesión de grupos rotatorios, de forma que, la disposición de las sillas y m esas, no suponga un problema para la realización de los mismos.
- Programar esas sesiones para afianzar contenidos trabajados a lo largo de la semana, o reforzar aquellos en los que se detecten mayor dificultad.
- Trabajar en cada uno de los grupos los diferentes bloques de contenidos de una o más áreas ,

Agrupamiento 2x1

- En estas sesiones es interesante trabajar actividades de expresión oral.

- Desde este tipo de agrupamiento, podemos abordar los contenidos más abstractos de manera lúdica, ya que cada grupo cuenta con menor número de niños/as, y por tanto, no solo facilitamos la participación, sino que además, lo harán de forma más motivada.

Mamá-seño/papá-profe experto

- Para los momentos con las familias expertas, solo debemos tener en cuenta que las sesiones no estén destinadas a la explicación de nuevo contenido, sino más bien, enfocada a la práctica y refuerzo de los mismos.

- Estas sesiones pueden coincidir con las destinadas a los grupos rotatorios, de manera que siguiendo un orden, todos los alumnos/as pasen a realizar la actividad que se esté llevando a cabo en la mesa de la mamá/papá experto.

- En esta ocasión buscaremos actividades a través de las cuales trabajen los distintos contenidos y habilidades de forma originales, y que finalmente les ayude a ser más competentes.

TIPOS DE AGRUPAMIENTOS EN "FAMILIAS DE AULA"

Anteriormente se mencionaban las modalidades de participación de este proyecto:

A) GRUPOS ROTATORIOS con mamás-seños/papás-profes.

B) AGRUPAMIENTO 2X1 con mamá-seño y/ o papá-profe.

C) FAMILIAS EXPERTAS.

A) GRUPOS ROTATORIOS con mamás-seños/papás-profes

- Tienen su origen en los G.I. (Grupos interactivos)
- Su objetivo principal es la optimización del aprendizaje aprovechando al máximo el tiempo de aprendizaje del alumnado.
- En este caso, el grupo-clase se divide en 4 grupos (generalmente se hace coincidir con el número de rincones que existan en el aula o las actividades que se vayan a desarrollar)
- A diferencia que en G.I., no necesariamente habrá un adulto por grupo, por lo que se recomienda alternar actividades con presencia de adulto o actividades autónomas.
- Todos los grupos pasarán por todas las actividades, permaneciendo en cada actividad el mismo tiempo.
- Por las edades del alumnado se recomienda que este tiempo oscile entre los 15-20 minutos.
- Por ello, es importante que el/la maestro/a, seleccione y agrupe las actividades según la duración prevista, de esta forma nos aseguramos el buen funcionamiento de la dinámica.
- Momentos previos al cambio se darán la siguiente consigna: "nos preparamos para el cambio", con intención de que el alumnado finalice la tarea y recoja, para que a la palmada o voz del tutor/a cambie a la siguiente mesa/rincón donde estará la tarea a realizar.

- El giro lo haremos siempre de la misma forma, en el sentido de las agujas del reloj, (momento en que los adultos participantes rellenan una hoja de evaluación)

CARACTERÍSTICAS DE LAS ACTIVIDADES

Las actividades a realizar con esta dinámica son:

1. AUTÓNOMAS: actividad plástica, grafomotricidad, ordenador, realización de fichas concretas, actividades o juegos que hagan énfasis en las destrezas...

2. ACTIVIDADES TUTORIZADAS: tanto por el tutor/a como por el adulto que participa en el aula.

3. ACTIVIDADES ORIENTADAS: destinadas a fomentareltrabajo cooperativo, como por ejemplo el trabajo por parejas.

4. ACTIVIDADES FUERA DEL AULA: estas actividades son más motivadoras para el alumnado y al contar con más de un adulto en el aula se puede realizar más veces a lo largo del curso. Entre ellas podemos realizar desde el trabajo del trazo y escritura hasta actividades de psicomotricidad.

B) AGRUPAMIENTO 2X1 con mamá-seño y/ o papá-profe

DEFINICIÓN

- Se realiza con dos adultos en el aula.
- Consiste en dividir el grupo-clase en dos subgrupos heterogéneos tutorizados por un adulto cada uno.
- Dc esta forma en un mismo período de tiempo se realizan dos actividades, lo cual facilita y optimiza la observación del alumnado durante la realización de la actividad.

CARACTERÍSTICAS DE LAS ACTIVIDADES

- El tipo de actividad realizar bien podrían desarrollarse con el grupo-clase completo, pero con mayor eficacia..

C) FAMILIAS EXPERTAS

DEFINICIÓN

- Las familias que participan así tendrán como material una carpeta con todo lo necesario para realizar la actividad de manera individual con el alumnado:
  - Explicación de la actividad así como orientaciones para desarrollarla con éxito.
  - Hoja de registro en la que han de anotar qué alumno/a realiza la actividad y qué valoración se le da (atendiendo a unos ítems y escala de valoración)
  - Material necesario para llevar la actividad a cabo.
- Es recomendable que esta forma de participación se desarrolle cuando ya haya estado en los grupos rotatorios y el tutor/a haya observado su idoneidad para un tipo u otro de actividad experta.
- Así mismo, el tutor realizará estas mismas actividades, con los alumnos, al menos una vez al mes para comprobar que el registro de las familias colaboradoras se ha hecho correctamente; a la vez que se evalúa la efectividad de la actividad y la evolución del alumnado; para así poder realizarlas modificaciones oportunas.

No obstante, a la hora de seleccionar las actividades que serán desarrolladas por estos expertos, debemos tener en cuenta que sean tareas que sólo puedan llevarse a cabo si se realizan de manera individual con el alumno/a, proporcionándole una atención más individualizada y controlando de forma más sistemática su evolución.

CARACTERÍSTICAS DE LAS ACTIVIDADES

- Actividades orientadas a proporcionar al alumnado una atención más individualizada, controlando de forma más sistemática su evolución.
- Entre las actividades a desarrollar: cálculo mental, resolución de problemas, lectura, deletreo...

LAS CARPETAS DE LAS MAMÁ/S-SEÑO/S, PAPÁ/S-PROFE/S

Las familias dispondrán de una carpeta para su colaboración en el proyecto, y, dependiendo de cuál sea su modalidad de participación, su carpeta tendrá unas características diferentes:

✓ **Carpeta Mamá/s-papá/s-profe/s:** en ellas se hará una breve y sencilla explicación de los objetivos que se persiguen con la actividad que deben realizar, así como las instrucciones para poder llevarla a cabo y el material necesario.

✓ **Carpetas mamá/s-seño/s-papá/sprofe/s experto:** breve explicación del objetivo que se pretende conseguir con el desarrollo de la actividad, y una copia de la lista del alumnado de clase, en la que puedan registrar la evolución del alumnado, según la consigna acordada.

El tipo de actividades a desarrollar por este tipo de familias son las siguientes:

- Sudokus (desarrollo del pensamiento abstracto)
- Cálculo mental y resolución de problemas (a través de programas específicos)
- Gráfico o cuadros de doble entrada (concepto matemático) Deletreo (mejorar la calidad de escritura)
- Escritura (con letras móviles o de manera tradicional)
- Lectura (descodificación, lectura silábica "cartillas de lectura")
- Lectura real (comprensión lectora, fluidez lectora, velocidad lectora en los primeros niveles de primaria)
- Construcción de frases (estructuración semántica)

Las mamás-seño/los papás-profes expertas/os, realizarán este tipo de actividades de forma sistemática, al menos, una vez por semana.

Ellas/os, deben registrar en las listas de sus carpetas qué alumnos/as han realizado la actividad, así como una valoración de la misma atendiendo a unos ítems facilitados y explicados por el/la tutor/a del aula.

Una vez al mes, el/la tutor/a, realizará las actividades de las carpetas de experto/a con el alumnado para evaluar lo siguiente:

- Las valoraciones de las mamás-seño/papás-profes expertas/os coinciden con las nuestras.
- El alumnado ha progresado.
- Existe la necesidad de continuar, adaptar, nivelar (por dificultad) o suprimir, la actividad.

EVALUACIÓN DEL PROYECTO

"Comparar lo deseado con lo realizado" (Alfaro, 1990)

La evaluación es una tarea continua de reflexión, de control de calidad y eficiencia, de detección de necesidades y recursos, sobre lo que se hace, adquiriendo sentido cuando se toman decisiones que producen cambios positivos.

Debemos diferenciar diferentes momentos de evaluación entre los agentes implicados en el proyecto y al proyecto mismo:

Alumnado	Familias
EVALUACIÓN	
Profesorado	Proyecto: "Familias de Aula"

ALUMNADO:

Evaluación realizada por las familias:

- Al finalizar cada sesión en los grupos rotatorios (Familias)
- Al finalizar la actividad de la carpeta (Familias)

Evaluación realizada por el/la maestro/a:

- Mensualmente, cuando el tutor realiza las diferentes actividades de las carpetas de los expertos. (Profesor)

FAMILIAS

- Evaluación de las familias. La realiza el/la profesor/a analizando aspectos como su puntualidad y regularidad en la asistencia a las sesiones, su conocimiento del dossier, su correcto desarrollo de las actividades, etc.

PROYECTO

- Se analiza la adecuación y eficacia de la metodología, los recursos, los resultados obtenidos (calidad del proceso de enseñanza y aprendizaje).
- En las reuniones de formación (al fina l de cada una de ellas, se dedica un tiempo para resolver dudas, revisar el dossier de actividades o las carpetas de mamá-seño/papá-profe experta/o.
- Al final de cada trimestre se analizarán los resultados comparándolos con los de principio del trimestre.
- Familias y profesor analizan la adecuación de las distintas actividades en cada sesión pudiendo recoger observaciones en el dossier y poniéndolo en común en las sesiones de formación.
- Registrar las actividades que el alumnado puede ejecutar con y sin las familias de aula y cuántas veces en semana para comprobar así, la importancia de este recurso humano.

PROFESORADO

- Un buen elemento para la mejora de la acción docente es la autoevaluación.
- Con ella se podrán mejorar diferentes aspectos que no solo repercuten en la profesionalidad del docente, sino también en los resultados del alumnado.

   *Anexa toda la documentación necesaria para llevar a cabo la evaluación.

RESULTADOS ESPERADOS

Esperamos que la participación directa y sistemática de las familias en el centro, y más concretamente dentro del aula, afecte de manera positiva a los/as alumnos/as, con:

✓ El aumento de rendimiento escolar.

✓ La mejora de comportamiento.

✓ Un cambio positivo en la relación familia-escuela.

✓ La mejora de la calidad de enseñanza.

✓ El aumento de la seguridad de las familias.

✓ **Un aumento del número de recursos de enseñanza a las familias para ayudar a sus hijos/as.**

COMENTARIOS DE LAS MAMÁS-SEÑO

Todas las mamás-seño que participan en este proyecto, y sin las cuales no podría haberse llevado a cabo, han querido dejar constancia de su experiencia respondiendo al siguiente cuestionario, cuya copia ha sido literal:

1º ¿Qué significa para ti la palabra "participación"?

"Una experiencia muy <u>POSITIVA</u>, me hace sentir parte de la educación de mi hijo tanto en casa como en el colegio." *Sonia Mérida Martín*

"Es muy positiva y gratificante, y veo en los niños la normalidad que causa la relación enseñanza-cole-familia. Estoy agradecida a nuestra seño Inmac." *Mª Isabel Aguilar Marín*

"Es un honor y un privilegio poder disfrutar de y con los pequeños. Deberían hacerlo todas las clases." *Inmaculada Bueno Gallardo*

"Una experiencia muy gratificante el poder pasar unas horas con ellos y poder disfrutar de cada momento, porque cada uno es único." *Manuela Vallejo Villareal*

"Es una experiencia muy gratifican te. Es maravilloso cómo los vas conociendo uno a uno." *Susana Cano Álvarez*

"Una gran experiencia y una oportunidad para saber cómo enseñas y trabajan los niños". *Encarni Río Díaz.*

"Es una experiencia muy bonita tanto personal como educativa. Gracias a este proyecto además de participar directamente en la educación de nuestros hijos, nosotras aprendemos más de ellos de lo que podía imaginar" *Raquel Morillo Castillo*

2º ¿Qué ventajas encuentras en esta forma de participación?

- Poder participar en la educación de mi hijo, y ver la evolución de todos y cómo aprenden cada día con las aportaciones que hacemos." *Manuela Vallejo Villareal*

"1. Ver con tus propios ojos cómo aprenden nuestros niños.

2. Interactuar con ellos y ayudarlos a hacer las tareas

3. Ver cómo avanza tanto intelectualmente como en su autonomía personal"

"Una gran ventaja es saber cómo trabajar con mis hijos en casa." *Encarni Río Díaz*

"Así se lo que aprenden en el cole nuestros niños, y veo los logros y capacidades que van superando cada uno de ellos." *Raquel Morillo Castillo*

"Ver trabajar a nuestros hijos, que formando grupos y rotando por cada uno de ellos, aprenden muchísimo sin aburrirse, y cómo si se tratase de un juego." *Inmaculada Bueno Gallardo*

"Es conocer directamente la enseñanza que se da a los peques, y a su vez me ayuda a educar, enseñar y motivar a sus hermanos en casa". *Mª Isabel Aguilar Marín*

"Son varias:
Conozco el comportamiento del niño en el cole (cuando estoy en clase veo cómo se relaciona con su profesora y compañeros).
Conozco a sus compañeros.
Me ha ayudado a conocer, entender y valorar la labor de los profesores.
Al niño le ha venido muy bien, porque al ser tímido, el verme allí le ha dado confianza y seguridad." *Sonia Mérida Martín.*

3º ¿Cómo influye en mi hogar mi participación?

"Me ayuda a que la enseñanza en casa, sea compatible con la su seño. Como por ejemplo la organización, forma de aprender canciones, leer, escribir…etc. Y la paciencia, ¡muy importante!" *Mª Isabel Aguilar Marín*

"Me ayuda a la hora de poder ayudar a mi hijo en sus tareas del colegio, y poder seguir con el mismo método que en el cole. Influye de manera muy positiva." *Manuela Vallejo Villareal*

"Influye satisfactoriamente, la verdad es que me ayuda a comprender mejor a mi hijo, a la hora de hacer los deberes tanto los que trae del cole, como los que yo le pongo en casa, pues hago más hincapié en lo que más trabajo le cuesta." *Susana Cano Álvarez*

"Me tengo que organizar, y dejar las tareas del hogar hechas el día antes, sino me da tiempo recurro a las ayuda de mi madre para poder acudir al colegio." *Encarni Río Díaz*

"Mi hijo se siente muy orgulloso de mí colaboración y nunca se olvida del día que me toca ir de "mamá-seño. Le encanta." *Inmaculada Bueno Gallardo*

"Al observar en clase como la profesora aborda ciertas situaciones me ha servido para ayudar en casa tanto al niño como a su hermano mayor.

Me ha servido para ayudar al niño en aspectos donde tenía que mejorar y cómo hacerlo.

Mi hijo tiene ilusión el día que me toca ir." Sonia Mérida Martín

"Influye positivamente porque se lo que realmente aprende mi hijo y la labor que se hace.

Además, el día que voy me siento muy contenta y me da tranquilidad." *Raquel Morillo Castillo*

Anécdota que quieras destacar

"Me hace mucha gracia como los niños se adaptan a todo y rápidamente te llaman seño.

Gracias por esta oportunidad y experiencia inolvidable." *Encarni Río Díaz*

"Me encanta estar con ellos. Recibo cariño de los peques con sus besos, abrazos y piropos." *Inmaculada Bueno Gallardo*

"Los días que voy a clase me gusta arreglarme, porque están pendientes de mí. Me siento muy orgullosa y feliz." *Raquel Morillo Castillo*

"Me sorprendí mucho cuando el primer día de mamá-seño al despedirme de ellos me dieron abrazos y besos. Y por suerte sigue siendo así todos los días." *Mª Isabel Aguilar Marín*

"Me encanta el llegar a clase y que todos te saluden y vengan a darte besos y abrazos, te dicen hola mamá-seño." *Sonia Mérida Martín*

CONCLUSIÓN

Dada la complejidad de nuestro tiempo, debido al aumento de tipologías familiares y la diversidad de valores y normas que de ellas se desprenden, así como la sumisión de roles, que las escuelas se han visto obligadas a adoptar, viéndose afectada su función docente. Se hace necesaria poner en marcha estrategias que potencien la relación familia-escuela, a través la participación, colaboración y cooperación, y así poder contribuir a la mejora de la calidad educativa.

Aquí dejo de manera esquematizada las razones por las que es interesante poner en práctica el proyecto "Familias de Aula" en tu centro educativo, o aula.

1. La implicación de la familia en los procesos de enseñanza y aprendizaje va a repercutir positivamente en el desarrollo íntegro del alumnado.

2. Debemos comprender que la educación de los/as niños/as es una labor compartida entre la familia y la escuela, y que será más sencilla y exitosa si se consensua, trabajando de forma coordinada y cooperativa.

3. Las familias son los responsables de la educación de sus hijos/as, dándose la mayor parte del proceso educativo dentro del seno familiar. Siendo necesario compatibilizar los aprendizajes que se dan en la escuela con los que se adquieren en el entorno familiar.

4. Gracias a esta relación los niños se sienten seguros, confiados y más motivados.

5. Las familias, al observar a los docentes, aprenden nuevas formas de relacionarse con sus hijos/as y estimularlos/as.

6. El alumnado recibe una atención más individualizada al haber más de un adulto en el aula.

7. La motivación del profesorado aumenta al poder contar con más apoyos, a los él mismo debe formar.

Por último, indicar que "Familias de aula", insiste en los beneficios que aporta la participación de las familias dentro del aula, siempre que esta participación esté regulada, sistematizada y organizada, siendo muy importante la delimitación de las funciones a desempeñar por cada uno de los adultos del aula.

Por ello, en lugar de enfrentarnos por las lagunas educativas e inadecuados comportamientos del alumnado, debemos coordinarnos y cooperar para posibilitar un satisfactorio desarrollo integral del niño/a.

En definitiva, Familia y Escuela somos, de algún modo responsables e invitados de la vida educativa de nuestros niños/as, a los/as que ayudamos crecer con nuestras aportaciones y colaboraciones.

"El aprendizaje en equipo es el proceso de alinear y desarrollar la capacidad del equipo para crear los resultados deseados por sus integrantes. Se construye sobre la disciplina del desarrollo de una visión compartida. También se construye con maestría personal" Peter Senge

ANEXOS

1. Documento de información a las familias de la puesta en marcha de "familias de aula"

2. Cuestionario inicial para las familias de aula

3. Hoja de compromiso de participación

4. Registro de asistencia de las familias

5. Ejemplo de carpeta de mamá-seño/papá-profe (experta/o)

6. Ejemplo de cuaderno de mamá-seño/papá-profe (grupo)

7. Plantillas de evaluación

   - Proyecto

   - Familia

   - Alumnado

   - Profesorado

8. Grupos rotatorios. Documento de información a las familias de la puesta en marcha de "familias de aula"

1. Documento de información a las familias de la puesta en marcha de "familias de aula"

Estimadas familias, el centro_____ha autorizado a D./Dª_____, tutor/a de_____de educación_____, para que desarrolle en su aula el proyecto educativo "Familias de aula", que consistirá en la participación de las familias (que puedan y lo deseen) dentro del aula.

Para lo cual han de adquirir los siguientes compromisos:

- Asistencia puntual y continuada.
- Cumplimiento de las normas establecidas por el proyecto, y revisadas por el centro, entre las normas destacamos:
  - CONFIDENCIALIDAD
  - PROFESIONALIDAD
  - ANONIMATO

El desarrollo del "Familias de Aula" es beneficioso para todos los agentes implicados:

✓ **Alumnado:** Mayor rendimiento académico; atención individual...
✓ **Familias:** adquirir recursos para ayudar a su hijo/a; formación; conocer al docente.
✓ **Maestros/as:** Mayor valoración de la labor docente

ALUMNADO, FAMILIA Y MAESTROS/AS:

MEJOR CALIDAD EDUCATIVA

DEVUELVA AL TUTOR/A DE SU HIJO/A ESTA PARTE FIRMADA.

Gracias

Quedo informado/a del proyecto que se va a llevar a cabo en el aula en que está mi hijo/a.

Fdo.:_____

2. Cuestionario inicial para las familias

Nombre y apellidos:		
Motivación que le lleva a participar del proyecto "Familias de Aula":		
Me siento más cómodo/a desarrollando actividades de:	Leer cuentos	Resolución de problemas
	Escritura	Lógico-matemática
	Lectura	Plástica
	Grafomo-trices	Canciones
Habilidades/formación:	Idioma Informática Otras	
Datos que desee destacar (*)		

*En este apartado indicaremos a las familias, que si lo desea puede darnos datos de su formación y de su deseo de mostrarnos o compartirla con nosotros en el aula y dar mayores posibilidades de enriquecimiento al alumnado.

3. Hoja de compromiso de participación

D./Dª_____, familiar del alumno/a_____,
escolarizado/a en este centro educativo, me comprometo a formar
parte activa del proyecto "Familias de aula", participando dentro del
aula de_____de educación_____.

Conocedor/a de las normas que rigen la participación, me comprometo
a cumplirlas, así como a asistir periódicamente, los_____ de_
hora, avisando previa-mente a la tutora con la que colaboro, para que
pueda modificar la planificación de la sesión y evitando así
improvisaciones.

El no cumplimiento de este compromiso ocasionará abandonar mi participación activa en el proyecto.

FIRMA:

Fdo_____

4. Registro de asistencia de las familias.

FAMILIAS DE AULA	DÍA DE LA SEMANA		
NOMBRE	FECHA	FIRMA	Nº DE AUSENCIA

5. Ejemplo de carpeta de Familias de aula (expertas)

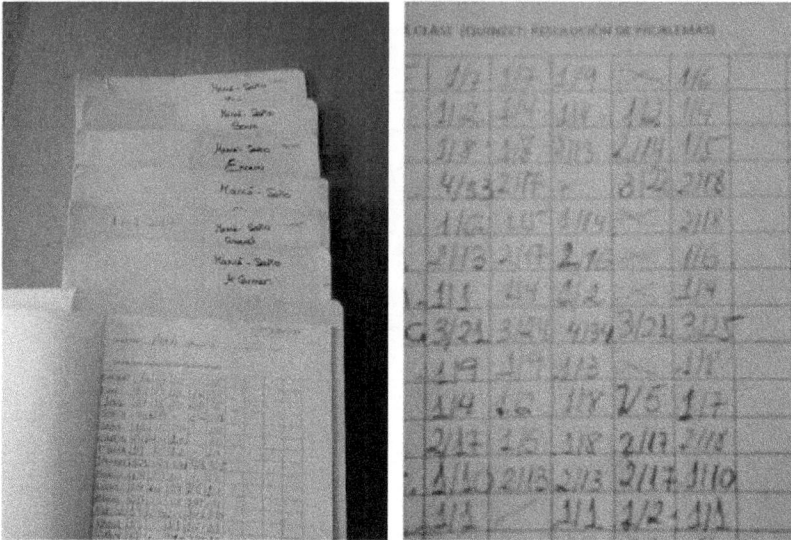

ACTIVIDAD:			
MATERIAL NECESARIO:		**UBICACIÓN:**	
¿CÓMO DEBO REGISTRAR EL RESULTADO DE LA ACTIVIDAD?			
LISTA DE CLASE			
1.		14	
2.		15.	
3.		16.	
4.		17.	
5.		18.	
6.		19.	
7.		20.	
8.		21.	
9.		22.	
10.		23.	
11.		24.	
12.		25.	
13.			

6. Ejemplo de cuaderno de mamá-seño/papá-profe (grupo)

ACTIVIDAD:	UBICACIÓN :
¿QUÉ NECESITO?	
¿QUÉ SE TRABAJA?	
¿CÓMO SE TRABAJA?	
OBSERVACIONES/ VARIANTES	
FOTO	

7. Plantillas de evaluación

7.1. Proyecto "Familias de Aula"

ITEMS	Aspectos positivos	Aspectos negativos	Propuestas de mejora
PASO 1 QUERER PARTICIPAR			
Autorización del centro			
Número de familias por aula/familias motivadas			
PASO 2 PODER PARTICIPAR			
Familias que participan puntualmente			
Familias que participan de manera sistemática			
PASO 3 SABER PARTICIPAR			
Asistencia a las sesiones de formación			
Adecuación del cuaderno de mamá-seño/papá-profe			
Preparación de las sesiones			
ACTIVIDADES			
Adecuación			
Nº de veces			
EVALUACIÓN			
Sesiones realizadas			
Adecuación de las plantillas			

7.2. Evaluación Familia

Se evaluará la participación de cada familia de aula (mamá-seño, o papá-profe), siendo 1 lo más bajo y 4 lo máximo.

ITEMS	1	2	3	4	OBSERVACIONES
Puntualidad					
Regularidad					
Constancia					
Autonomía					
Conocimiento del dossier					
Velar por el cumplimiento de las normas					
Desarrollo correcto de la actividad					
Trato igualitario al alumnado					
Vocabulario empleado					
Capacidad de resolución					
Apta/o para recoger datos evaluativos					
Actividades en pequeño grupo					
Actividades en gran grupo					
Actividades individuales					
Actividades que requieren atención y reflexión					

7.3. Evaluación Alumnado

ITEMS	Aspectos positivos	Aspectos negativos	Propuestas de mejora
Adaptación a la asistencia de más adultos			
Adaptación a la participación de su madre/padre			
Realización de actividades individuales			
Realización de actividades en pequeño grupo			
Evolución de su aprendizaje			

7.4. Evaluación Profesorado

ITEMS	Aspectos positivos	Aspectos negativos	Propuestas de mejora
Adaptación de la metodología			
Planificación adecuada de las actividades			
Relación coordinada con los adultos participantes			
Preparación de las reuniones de formación			
Adecuación del contenido de las carpetas de familias y de las familias expertas			

7.5. Evaluación Grupos Rotatorios

Alumnado que compone el grupo	
Dificultad de la actividad	
Alumnado que finaliza la tarea	
Comportamiento del grupo	
Destacable	

BIBLIOGRAFÍA

- Alduán (1996). Razones para la participación. Ponencia inaugural de las Jornadas sobre "Relación familia-escuela", Tenerife.

- Bolívar Botía, A. (2006). Familia y escuela: dos mundos llamados a trabajar en común. *Revista de Educación, 339,* 119-146.

- CEAPA (1995). Educación, participación y democracia. *Temas de Escuelas de Padres y Madres, 8.*

- Cherobim, M. (2004). *Escuela, un espacio para aprender a ser feliz.*

- Collet, J. y Tort, A. (2008). Espacios de participación. *Cuadernos de Pedagogía, 378,* 27-60.

- Guisán, E. (1986). *La participación de los padres en la educación.*

- Tchorne, P. (1987). Lo que los padres pueden hacer. Marco Legal. *Cuadernos de Pedagogía, 147,* 16-32.

- Torío, S. (2004). Familia, escuela y sociedad. *Aula Abierta, 83,* 35-52.

NORMATIVA:

(Las derogadas han servido para fundamentar desde cuando se da importancia a la participación familias)

- Ley 14/1970, de 4 de agosto, *General de Educación y Financiamiento de la Reforma Educativa*. BOE de 6 agosto de 1970.

- *Ley Orgánica 8/1985, de 3 de julio, Reguladora del Derecho a la Educación.*

- *La Ley Orgánica General del Sistema Educativo*, de 3 de octubre de 1990. BOE de 4 de octubre de 1990.

- *Ley orgánica 9/1995, de 20 de noviembre, de la participación, la evaluación y el gobierno de los centros docentes*. BOE nº 278 de 21 de noviembre de 1995.

- *Ley orgánica 10/2002, de 23 de diciembre, de Calidad de la Educación.*

- *Ley Orgánica 2/2006,* de 3 de mayo, de Educación. BOE nº 106 de 4 de mayo de 2006

www.ingramcontent.com/pod-product-compliance
Lightning Source LLC
Chambersburg PA
CBHW080536090426
42733CB00015B/2602